LES PROFESSEURS

DE LA

FACULTÉ DES LETTRES & DES SCIENCES

DE

CLERMONT-FERRAND.

1857

Soit indifférence ou désir de repos, j'aime si peu à
occuper de moi le public, que, depuis 1844, époque à
laquelle j'abandonnai l'arêne politique où j'avais com-
battu sept ans, j'ai à peine livré quelques lignes à l'im-
pression. Par quelle circonstance suis-je forcé de
reprendre aujourd'hui la plume ? Une courte explica-
tion est nécessaire à cet égard.

Admis, pour deux ou trois modestes ouvrages sur
l'Auvergne, à l'honneur de siéger dans la société littéraire et scientifique de cette province, je m'étais im-
posé le devoir de lui apporter chaque année, un tribut
de mes faibles talents ; j'avais donc, le mois dernier,
à l'instigation de *la Folle de logis*, composé, sur les
professeurs de nos facultés, une pièce de vers dont la
lecture avait été fixée au 5 mars courant.

Le croira-t-on ? au seul titre de cette pièce, le chef
du corps enseignant s'émut, frémit d'indignation, et
peu s'en fallut qu'il ne criât au sacrilége pour avoir osé
toucher à l'arche sainte et à ses ministres inviolables.
Il faut qu'on le sache, M. Théry, contrairement aux
statuts de l'Académie, avec une intonation de voix et

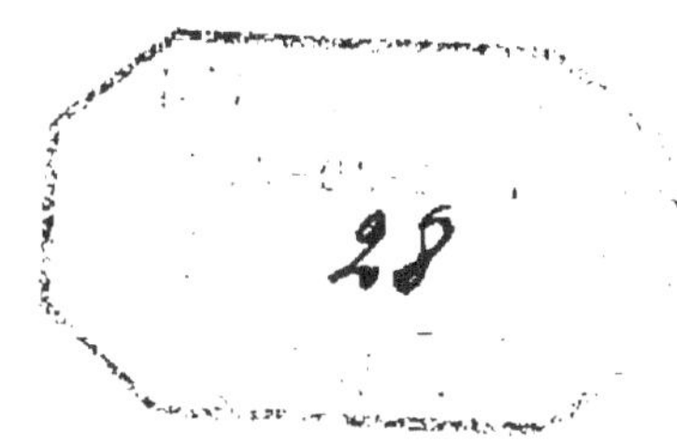

des paroles aussi blessantes pour nos collègues que pour moi-même, opposa son *velo* à la lecture et menaça même de se retirer si elle avait lieu. On le comprendra, le droit devait céder devant une semblable résolution, je sacrifiai donc des vers auxquels je ne tenais nullement et qui n'auraient pu compenser une perte si regrettable à tous égards.

Si j'ai pris aujourd'hui la résolution de les livrer au public, ce n'est pas pour venger un amour-propre froissé, car je ne me fais pas illusion sur la valeur de cette boutade littéraire ; c'est pour protester de nouveau, comme je l'ai fait au sein de l'Académie, de mon estime pour les professeurs de nos facultés en général ; c'est pour prouver que, sous un léger badinage, ne se cachent, comme a semblé le craindre M. Théry, ni intentions malveillantes, ni attaques injurieuses envers les membres d'un corps dont tout le monde apprécie chaque jour le talent et les services. Si quelqu'un d'entre eux se trouvait offensé, ce que je n'ose croire, je le prierais de lire les vers suivants et de les regarder comme une déclaration sincère de mes sentiments et comme une amende honorable de peccadilles commises par innocence.

Ecoute, j'ai deux mots à te dire, ô ma Muse !
On m'apprend qu'en tous lieux, hautement on t'accuse
De donner à mes vers un air par trop badin,
Et de méchants esprits d'y verser le venin ;
On dit que m'érigeant en Dantan littéraire,
Tu mets entre mes mains une rude lanière
Pour l'imprimer au dos de nos deux facultés,
Et que, si par hasard, de nos célébrités

D'ébaucher le portrait j'ai quelquefois l'audace,
Je leur fais faire à tous une horrible grimace.
On dit encore, ô Muse, on dit que sans remords,
Par toi seule enrôlé parmi les croque-morts,
Obstinément je cloue, au poteau de la rime,
Les hommes pour lesquels on a le plus d'estime,
Et livre aux ris moqueurs des sots et des méchants
Mes intimes amis, des lettrés, des savants !
Tout en moi n'est pour eux que fiel et qu'amertume !

S'il en était ainsi je briserais ma plume,
Et je profiterais de ce carême entrant
Pour m'amender..., Messieurs, en humble pénitent,
La main au pectoral, j'aurais hâte de prendre
La corde autour des reins, et, roulant dans la cendre
Mon cadavre meurtri jusques auprès de vous,
Je vous demanderais pardon à deux genoux.
Soumis à vos arrêts, votre justiciable,
Je jetterais au feu, dans les griffes du diable,
Ces détestables vers dont un littérateur,
Hélas ! s'est cru frappé si fortement au cœur ;
Si, malgré cet appoint, pour calmer sa colère,
Il fallait envers moi se montrer plus sévère,
Respectueusement je livrerais mon corps
Aux rudes estafiers, aux robustes recors
Qui savent manier le fouet d'une main sûre,
Et recevrais leurs coups sans plainte, sans murmure.
Mais si moins inhumains, d'un commun sentiment,
Vous vouliez m'infliger un plus doux châtiment,
Je vous prierais, Messieurs, m'appliquant l'Évangile,
De ne pas m'envoyer, pauvre et grand imbécile,
Auprès de l'Éternel, au royaume des cieux,
Avant d'avoir ôté le bandeau de mes yeux.

J'ai hâte maintenant de mettre sous les yeux du
public, les vers qui devaient porter un si rude coup à

la considération et à la dignité des membres du haut enseignement à Clermont ; il verra, sans nul doute, qu'il n'y avait pas de quoi fouetter un chat, et pourtant on a fouetté un homme...

Que voulez-vous, il y avait, sans doute, une absolue nécessité pour certaines mains doctorales de se maintenir dans le plein exercice, afin d'éviter la péremption de leurs droits.

P. AIGUEPERSE, Libraire,

Ancien Rédacteur-Gérant de la Gazette d'Auvergne, Membre de l'Académie des sciences, belles-lettres et arts de Clermont-Ferrand, de la Société pour la conservation des monuments historiques de France, etc.

Clermont-Ferrand, le 8 mars 1857.

LES PROFESSEURS

DE

LA FACULTÉ DES LETTRES ET DES SCIENCES

DE CLERMONT-FERRAND.

Qu'il faut avoir de tact pour louer sans médire !
Toujours l'éloge outré ressemble à la satire ;
On se tient rarement dans le juste milieu ;
D'un homme obscur, d'un sot, on fait un demi-dieu,
Et d'un roué fripon un Marc-Aurèle, un sage.
Vous aurez à juger si tel est mon langage,
Et si ma plume ici souille la vérité.

En vous parlant, Messieurs, de notre faculté (1)
Et de ses professeurs, je disais, tout à l'heure,
Que Fortoul avait fait notre part la meilleure ;
Que s'il avait laissé ces derniers à nos choix,
Ils auraient sans nul doute obtenu tous nos voix ;
Ils nous étaient connus... nous avions lu leurs titres...

De l'université consultez les registres,
Vous les verrez, Messieurs, dès leurs plus jeunes ans
S'élever et grandir au milieu des savants ;

---

(1) Voir, à la fin de cette brochure, les vers qui ont été extraits de la *Glorification de l'Auvergne*, lue à l'Académie de Clermont le 5 février dernier, et qui sont relatifs à nos Facultés.

Vous verrez sur leurs fronts des palmes rayonnantes ,
Conquêtes du talent dans des joûtes brillantes....
Mais du reste , écoutez : constamment le témoin
De leurs nombreux succès , j'ai senti le besoin
De mettre sous vos yeux ce qui les justifie ,
J'ai de maîtres si chers fait la biographie...

Avant de vous la lire , un mot sur le recteur :
D'ouvrages estimés depuis longtemps auteur ,
Comme un astre brillant au monde littéraire,
Il lance à pleines mains l'éclat et la lumière ;
Aimable , bon et doux dans ses relations
Il sait faire honorer , chérir ses fonctions ,
Des pères de famille avoir la confiance,
De notre Académie affermir la puissance
Et rendre florissants nos colléges divers.

J'arrive maintenant au sujet de mes vers.

Vous avez tous , Messieurs , de vos propres oreilles,
Entendu d'OLLERIS rapporter des merveilles :
Aux mauvais écrivains il a donné le fouet ;
Il a fait ressortir les beautés de Bossuet.
Jusques aux bouts des doigts il possède l'histoire ;
Il pourrait au besoin (c'est pour tous bien notoire)
Raconter les exploits des quatre fils Aymon
Et du premier des rois vous dire le prénom.
On affirme qu'épris de la gloire arvénienne
Il prépare au public une œuvre herculéenne
Qui mettrait Desroziers (1) à mille pieds sous lui :

(1) Éditeur de l'Ancienne Auvergne et le Velay, 4 vol. grand in-f°.

En attendant, Messieurs, disons dès aujourd'hui
Qu'avec tant de talents et ses nombreux ouvrages
Son nom surmontera les flots géants des âges.

A côté d'OLLERIS s'offre Monsieur DEGUIN,
Physicien habile, élégant écrivain,
Qui, j'en conviens, n'est pas l'inventeur de la poudre,
Mais qui connaît comment s'escamote la foudre,
Se règlent les saisons, se forment dans les airs
Les nuages, les vents, la pluie et les éclairs.
C'est à lui que l'on doit ce traité de physique
Qu'ont toujours respecté les dents de la critique.
Pourquoi faut-il, hélas ! qu'un homme aussi savant
Ne se soit à nos yeux présenté qu'un instant ?
Heureusement, Messieurs, pour réparer sa perte
De notre faculté la porte s'est ouverte
A BERNARD dont le nom, le talent, les travaux
Sont des garants certains pour des succès nouveaux.

Du chimiste AUBERGIER connaissez la puissance !
Il ruine la Chine au profit de la France,
En cueillant dans nos champs le *Lactucarium ;*
Rassurez-vous, Messieurs, l'indigène *Opium*
Est banni de son cours, ailleurs est son usage ;
Par ses mâles discours, par son noble langage,
AUBERGIER de vos yeux chassera le sommeil :
Du *Lactucarium*, antidote impareil,
Son génie unissant deux puissances contraires,
Ouvre et ferme à son gré les mobiles paupières.

Le célèbre LECOQ, l'inventeur du gland doux,
Aliment délicat, ennemi de la toux,

Remède universel qui guérit de la goutte,
Détruit les maux de nerfs, met les vers en déroute,
LECOQ dont le savoir si vaste, si profond,
Produit l'enthousiasme, épouvante et confond,
LECOQ par ses écrits, par ses doctes ouvrages,
De l'amère critique a lassé les outrages.
Jugez de sa valeur : dans les congrès divers
Qui depuis vingt-cinq ans occupent l'univers
Et mettent en contact les hommes du *bien-dire*,
Les savants n'ont jamais osé le contredire ;
De le questionner ils se sont dispensés
Dans la crainte par lui d'être tous enfoncés.

NOURRISSON ! c'est l'ami de Platon, de Socrate,
Au point que s'ils vivaient, de lui nouer la cravate
Ils se croiraient heureux. Par encontre un PLOTIN,
Philosophe aussi grand qu'éminent écrivain,
En toute occasion, sur tout lui cherche noise,
Mais le madré Thiernois de ses deux yeux le toise,
Puis le saisit au corps, l'enserre dans ses bras,
Et lui fait, tout meurtri, mettre les armes bas.
Pour lui faire sentir encor mieux sa férule,
Il vient de publier l'histoire de Bérulle,
Ainsi que l'éloquent, le sublime discours
Qu'il *précha* l'an dernier, à la fin de son cours.

L'astronome BOURGET, accoudé sur la lune,
Pour parler au public prend le ciel pour tribune ;
Il dit de là combien pèsent Mars et Vénus,
Et trace de sa main la marche d'Uranus :
Sans jamais se tromper, il prédit le beau fixe,

De lune et de soleil il précise l'éclipse.
Pour savoir s'il fera de la pluie ou du vent,
Je te consulterai, baromètre vivant,
Afin qu'en sûreté je rentre ma vendange,
Ou mette mes froments et mes foins dans la grange.
Près de lui jeune encor, le vieux Mathieu Lansberg
Ne serait qu'un enfant clamant dans le désert.

A l'élégant MONCOURT faisons la révérence !
De nos auteurs français il est la quintessence.
Quand il les a soumis aux vis de son pressoir,
Et juchés à leur rang sur un vaste dressoir ;
Quand son triage est fait, quand sa liste est complète,
Il leur met à chacun une belle étiquette,
Indiquant nom, prénoms, naissance, mort, écrits,
Afin que d'un coup d'œil, en en voyant le prix,
Sans hésitation tout le monde vous dise :
Admirez de MONCOURT la riche marchandise !...

Amis, ouvrez les yeux, vite, serrez les rangs,
Voilà Jacques THUROT avec ses vétérans,
Ces troupiers renommés et de Rome et d'Athènes,
Virgile, Homère, Horace, Eschine, Démosthènes,
Tite-Live, Lucain, Tibulle, Martial,
Socrate, Anacréon, Plutarque, Juvénal :
Oh ! que j'aime à le voir les passer en revue ;
Du savant général rien n'échappe à la vue :
D'Elien, de Florus, de Plaute, de Justin,
De Celse, de Moschus, de César, de Frontin,
Nul n'apercevra mieux les défauts de l'armure,
La propreté du corps, la force, la tournure ;

Nul n'apprécia mieux les valeureux exploits,
Ne sut mieux commander du geste et de la voix.

En habile chasseur, BARET bat la campagne,
Il visite, il parcourt Prusse, Russie, Espagne,
Angleterre, Italie, Egypte, Portugal,
Allemagne, Norvége, Algérie et Saint-Gal,
Où de littérateurs il remplit sa besace,
Qu'il vide ici céans pour les montrer en masse.
Dans son rôle BARET est si docte, si beau,
Que de ses auditeurs il tourne le cerveau.
Pour l'avoir entendu, Gotton la ménagère,
Ne parle à ses poulets qu'une langue étrangère,
Et mes deux gros voisins, Constant et Lefrançois,
N'étrillent leurs chevaux qu'habillés en Gaulois.

Je ne saurais, Messieurs, finir ici mon œuvre
Sans parler de BERTRAND : voyez comme il manœuvre !
Actif, intelligent, instruit, à l'Hôtel-Dieu,
Au Conseil-Général, au Mont-Dore, en ce lieu,
Soit qu'il tâte le pouls, prescrive une ordonnance,
Professe *ex cathedrâ*, rédige une séance,
Soit qu'il donne au pays, et son temps, et ses soins,
On le trouve toujours au-dessus des besoins.
C'est un vrai *fac-totum* : Pic de la Mirandole
De notre professeur n'irait pas à l'épaule.

Voilà, Messieurs, voilà ces hommes de talent
Qu'à l'Auvergne Fortoul légua de son vivant,
Et dont l'Auvergne a pu connaître le mérite.
En nous, jeunes et vieux, cette troupe d'élite

Du plaisir de l'étude a ranimé l'ardeur ;
D'aller à ses leçons nous nous faisons honneur.
Déjà s'est fait sentir leur utile influence ;
Il est des faits nombreux à votre connaissance
Qui viennent l'attester ; pour mon contentement,
Permettez que j'en cite un ou deux seulement.
Non... je jette un regard sur l'heure à la pendule,
Et de vous retenir me faisant scrupule,
Je m'arrête, Messieurs, et renvoie à plus tard
Ce que j'aurais voulu vous dire à cet égard.

LA GLORIFICATION DE L'AUVERGNE.

. . . .
. . . .
. . . .

Mais pourquoi tant de faits quand un seul nous suffit
Pour réhabiliter le beau pays que j'aime
Autant que mes amis, beaucoup plus que moi-même ?
Je veux parler, Messieurs, de cette faculté
Dont le Gouvernement l'a récemment doté,
Et surtout des sujets qui, du haut de leur chaire,
Sont venus parmi nous répandre la lumière.
Ce choix fait par Fortoul décuple notre honneur
Car du corps enseignant c'est la plus fine fleur.

Vous qui nous reprochez de mépriser les lettres,
Détracteurs, regardez quel respect pour ces maîtres
Chacun ici professe, ou plutôt à leur cours
De Clermont tout entier admirez le concours ;
Dès l'aube matinale on s'y pousse, on s'y porte,
Une foule empressée en assiége la porte.
On pourrait l'affirmer, si monsieur Nourrisson
S'avisait de donner à Jaude sa leçon,
Pour l'entendre parler la place serait pleine,
Pour tous les professeurs, douze fois par semaine,
Il en serait ainsi : le savant, l'ignorant,
Le bourgeois, l'ouvrier, non pas par engouement,
Mais par désir d'apprendre, au sénat littéraire
Vont chaque jour prêter une oreille écolière.

J'ai vu là mon fermier, sa femme et son valet
Applaudir Olleris, Moncourt, Thurot, Bourget ;
J'ai vu... jusques où va l'amitié maternelle !
J'ai vu là des enfants pendus à la mamelle
Sucer le lait du corps et celui de l'esprit.
(Malgré l'âge et le nom nul des cours n'est proscrit.)

J'ai vu là maintes fois de gentes demoiselles
Etaler et leur grâce et les modes nouvelles ;
Oh ! ne prétendez pas, comme certain frondeur ,
Que la plupart vont là chercher un épouseur ,
Se faire remarquer !... cela n'est pas probable ;
Mais en fût-il ainsi, le but serait louable ;
Qui chérit la science aime qui la répand :
Bref, à nos facultés tout le monde se rend.

❀

Clermont, typ. de F. Thibaud.